Name _____

Write the letter **t**

if the picture begins like  .

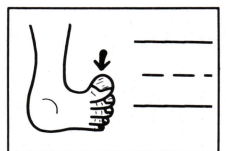

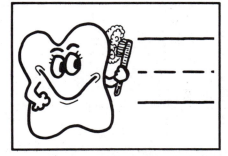

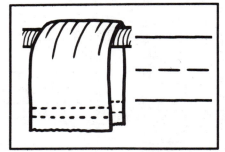

Name _____

Write the letter **s**

if the picture begins like  .

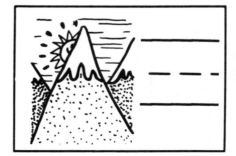 _ _ _ _ _

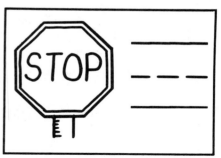 _ _ _ _ _

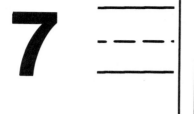 _ _ _ _ _

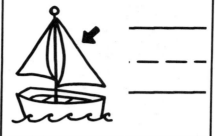 _ _ _ _ _

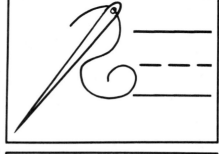 _ _ _ _ _

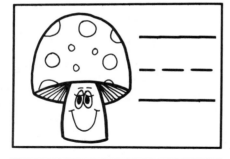 _ _ _ _ _

 _ _ _ _ _

 _ _ _ _ _

 _ _ _ _ _

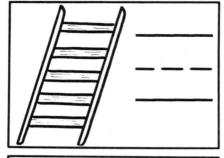 _ _ _ _ _

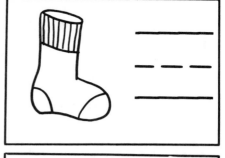 _ _ _ _ _

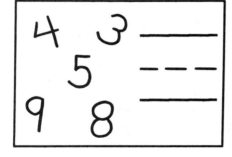 _ _ _ _ _

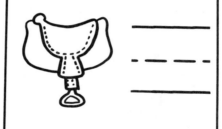 _ _ _ _ _

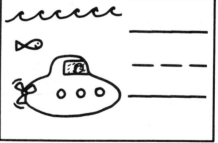 _ _ _ _ _

Name _____

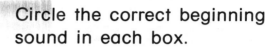

Circle the correct beginning sound in each box.

s   t

s   t

s   t

s   t

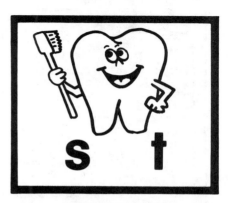

s   t

s   t

s   t

s   t

s   t

s   t

s   t

Name _____

Write the letter **m**

if the picture begins like .

 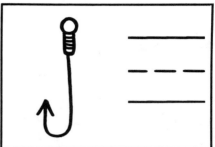

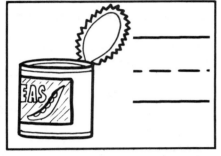  

 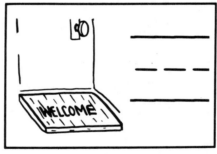 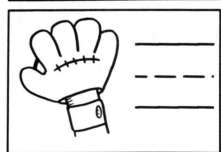

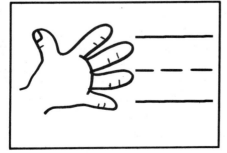 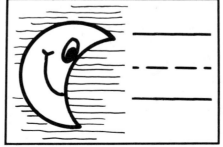 

Name _____

Write the letter **b**

if the picture begins like  .

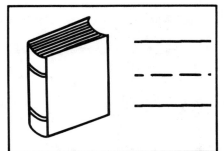

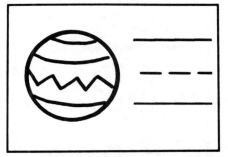

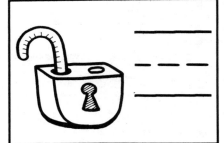

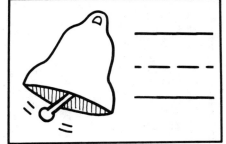

FS-2655 Phonics Workbook-Conantis

Skill: Initial consonants m, b

m or b

Circle the correct beginning sound in each box.

m   b

m   b

m   b

m   b

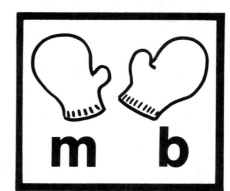

m   b

m   b

m   b

m   b

m   b

m   b

m   b

Name _____

Write the letter **n**

if the picture begins like .

 _ _ _ _ _ _

 _ _ _ _ _ _

 _ _ _ _ _ _

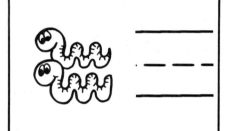 _ _ _ _ _ _

 _ _ _ _ _ _

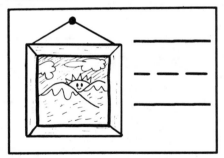 _ _ _ _ _ _

 _ _ _ _ _ _

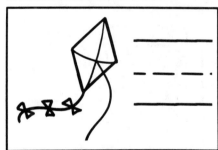 _ _ _ _ _ _

 _ _ _ _ _ _

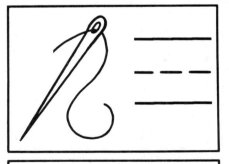 _ _ _ _ _ _

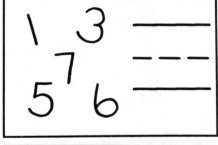 _ _ _ _ _ _

 _ _ _ _ _ _

 _ _ _ _ _ _

  FS-2655 Phonics Workbook-Consonants

Write the letter **c**

if the picture begins like  .

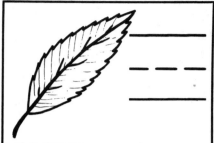

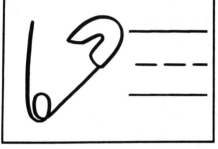

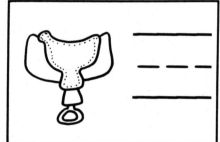

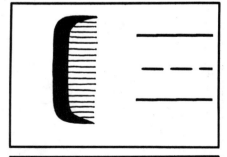

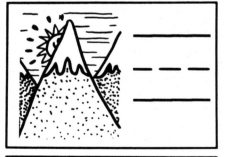

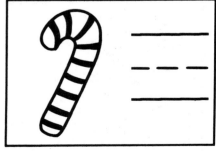

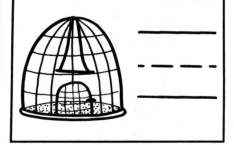

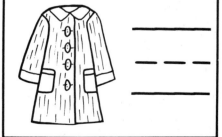

Name _____

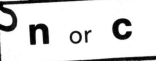

Circle the correct beginning sound in each box.

n   c

n   c

n   c

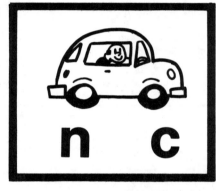

n   c

n   c

n   c

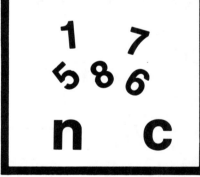

n   c

n   c

n   c

n   c

n   c

FS-2655 Phonics Workbook-Consonants

Write the letter **f**

if the picture begins like  .

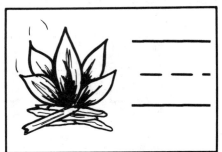

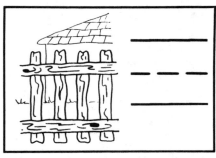

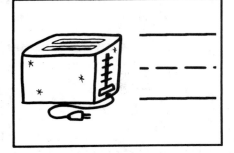

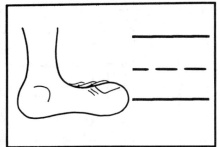

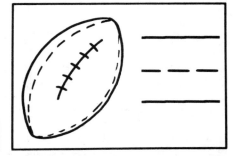

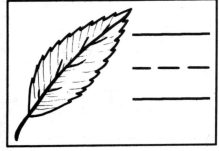

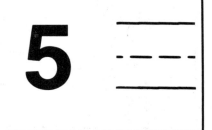

Write the letter **d**

if the picture begins like .

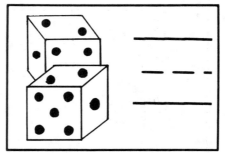

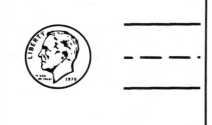

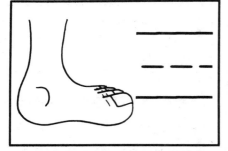

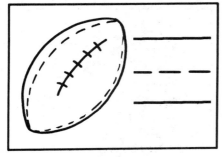

f or d

Circle the correct beginning sound in each box.

f   d

f   d

f   d

f   d

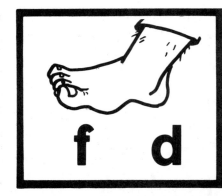

f   d

f   d

f   d

f   d

f   d

f   d

f   d

Name _____

Write the letter **h**

if the picture begins like  .

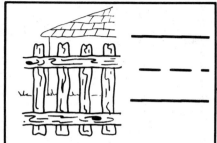

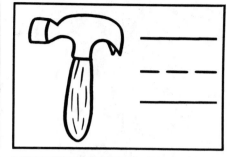

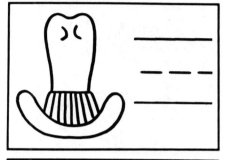

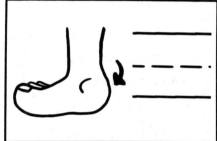

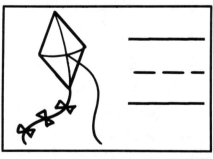

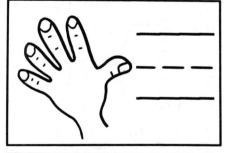

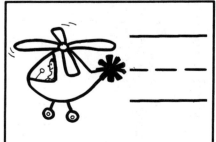

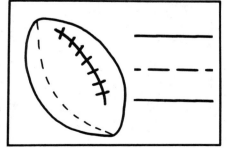

FS-2655 Phonics Workbook-Consonants

Write the letter **l**

if the picture begins like .

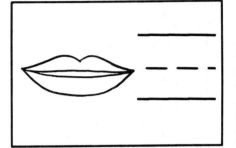

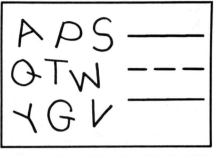

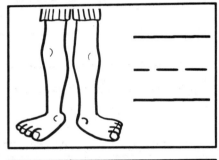

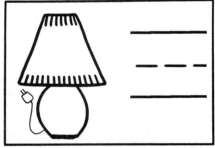

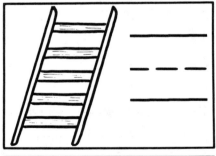

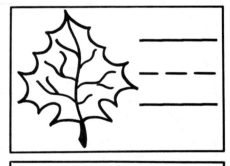

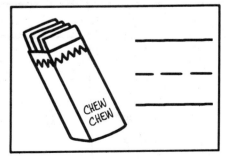

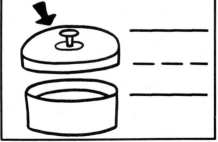

©Frank Schaffer Publications, Inc.   FS-2655   Phonics Workbook-Consonants

Circle the correct beginning sound in each box.

h   l

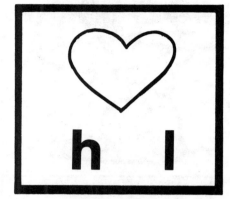

h   l

h   l

h   l

h   l

h   l

h   l

h   l

h   l

h   l

h   l

Name _____

Write the letter **r**

if the picture begins like  .

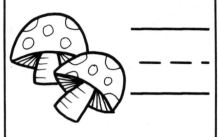

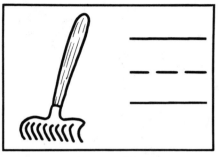

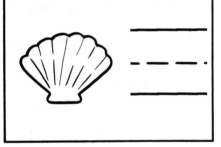

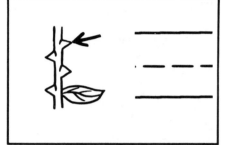

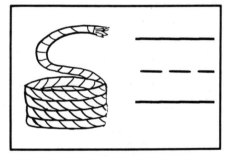

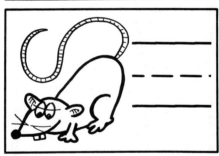

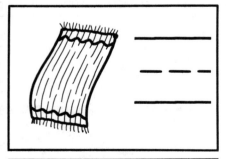

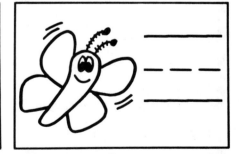

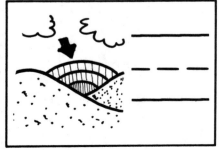

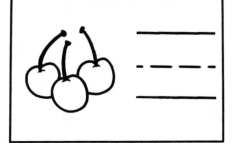

Write the letter **p**

if the picture begins like  .

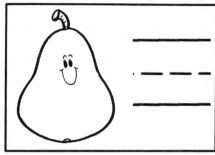

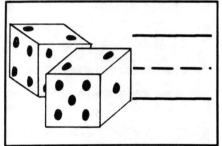

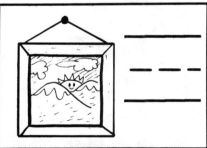

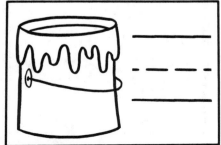

©Frank Schaffer Publications, Inc.   FS-2655   Phonics Workbook-Consonants

r or p

Circle the correct beginning sound in each box.

r   p

r   p

r   p

r   p

r   p

r   p

r   p

r   p

r   p

r   p

r   p

FS-2655 Phonics Workbook-Consonants

Name _____

Write the letter **g**

if the picture begins like .

 _ _ _ _ _ _

 _ _ _ _ _ _

 _ _ _ _ _ _

 _ _ _ _ _ _

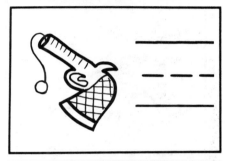 _ _ _ _ _ _

 _ _ _ _ _ _

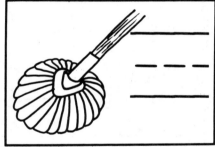 _ _ _ _ _ _

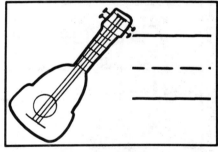 _ _ _ _ _ _

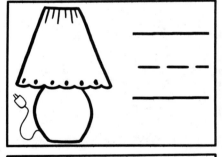 _ _ _ _ _ _

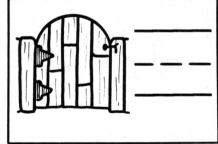 _ _ _ _ _ _

 _ _ _ _ _ _

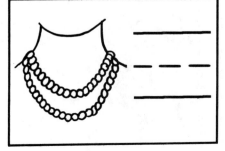 _ _ _ _ _ _

 _ _ _ _ _ _

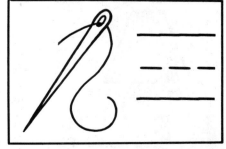 _ _ _ _ _ _

Write the letter **w**

if the picture begins like .

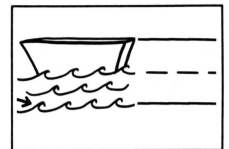

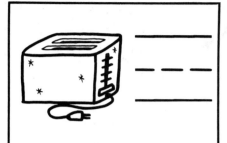

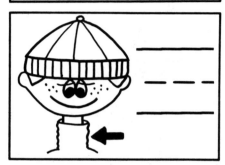

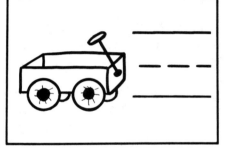

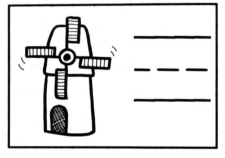

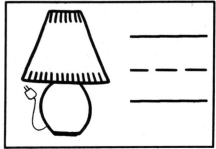

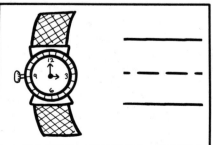

Skill: Initial consonants g, w

g or **w**

Circle the correct beginning sound in each box.

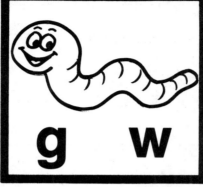

g   w

g   w

g   w

g   w

g   w

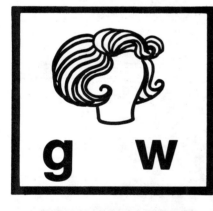

g   w

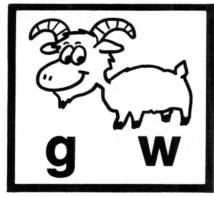

g   w

g   w

g   w

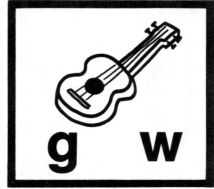

g   w

g   w

FS-2655 Phonics Workbook-Consonants

Name _____

Write the letter **k**

if the picture begins like .

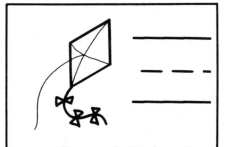 _____

 _____

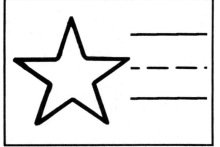 _____

 _____

 _____

 _____

 _____

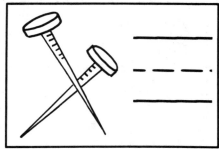 _____

 _____

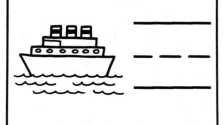 _____

 _____

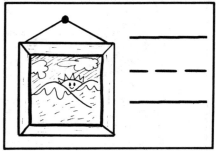 _____

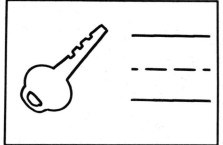 _____

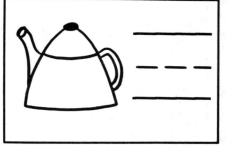 _____

Write the letter **v**

if the picture begins like .

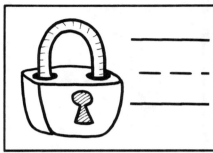 _ _ _ _ _

 _ _ _ _ _

 _ _ _ _ _

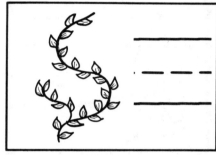 _ _ _ _ _

 _ _ _ _ _

 _ _ _ _ _

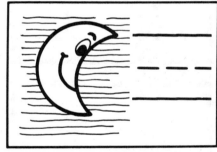 _ _ _ _ _

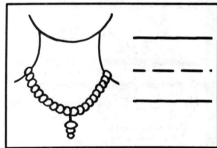 _ _ _ _ _

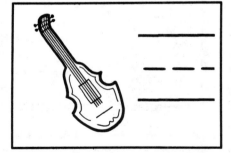 _ _ _ _ _

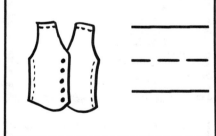 _ _ _ _ _

 _ _ _ _ _

 _ _ _ _ _

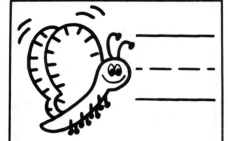 _ _ _ _ _

 _ _ _ _ _

Name _____

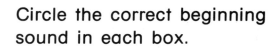

Circle the correct beginning sound in each box.

k   v   k   v

k   v   k   v   k   v

k   v   k   v   k   v

k   v   k   v   k   v

Name _____

Write the letter **j**

if the picture begins like  .

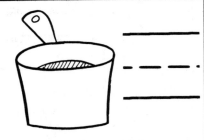

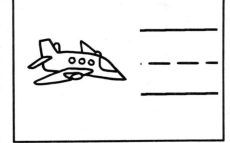

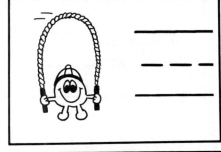

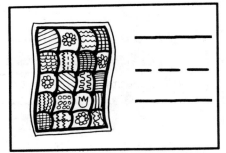

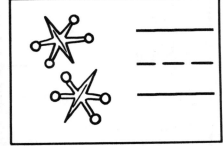

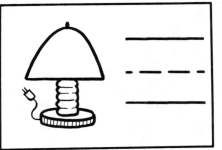

FS-2655   Phonics Workbook-Consonants

Name _____

Write the letter **y**

if the picture begins like .

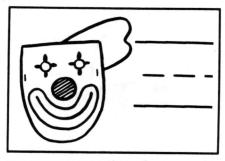

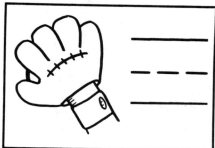

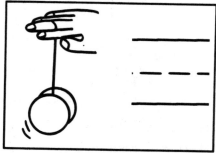

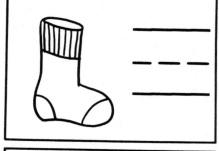

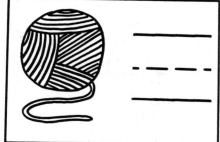

Name _____

Review: Initial consonants j, y

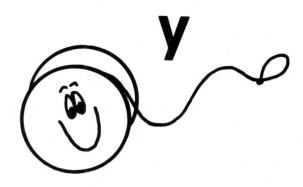

Say the name of the picture.
Write the letter you hear at the beginning.

©Frank Schaffer Publications, Inc.

27

FS-2655   Phonics Workbook-Consonants

Z _ _ _ _ _ _ _ _ _ _ _ _ _ _ _ _ _

Z _ _ _ _ _ _ _ _ _ _ _ _ _ _ _ _ _

z _ _ _ _ _ _ _ _ _ _ _ _ _ _ _ _ _

z _ _ _ _ _ _ _ _ _ _ _ _ _ _ _ _ _

Say the name of the picture.
Write the letter you hear at the beginning.

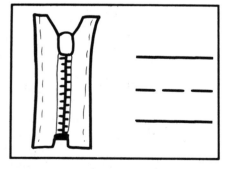

Say the name of the picture.
Write the letter you hear at the beginning.

Name _____

j    y    z    q

Say the name of the picture. Write the letter you hear at the beginning.

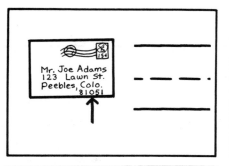 ___ ___ ___

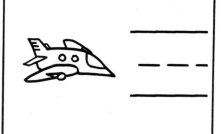 ___ ___ ___

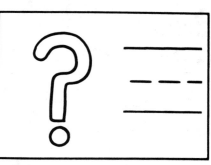 ___ ___ ___

 ___ ___ ___

 ___ ___ ___

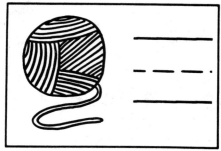 ___ ___ ___

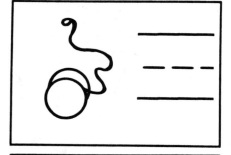 ___ ___ ___

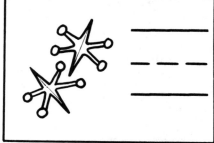 ___ ___ ___

 ___ ___ ___

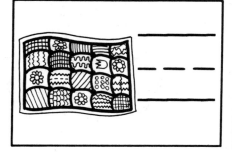 ___ ___ ___

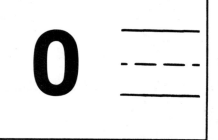 ___ ___ ___

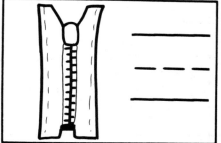 ___ ___ ___

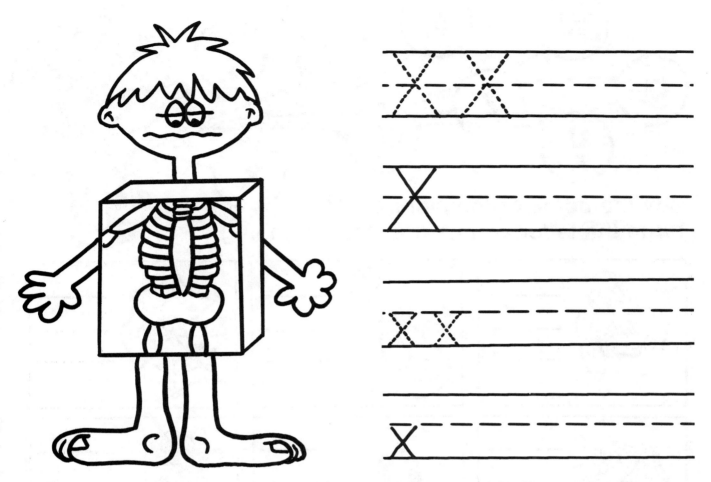

Color the **x** pictures. Trace over the words. The **x** is at the beginning or end of the word.

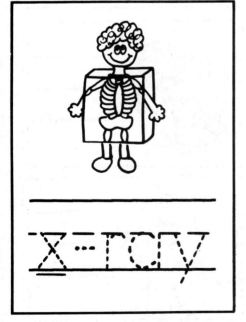

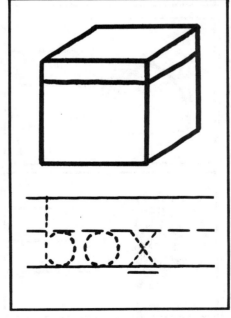

    FS-2655   Phonics Workbook-Consonants

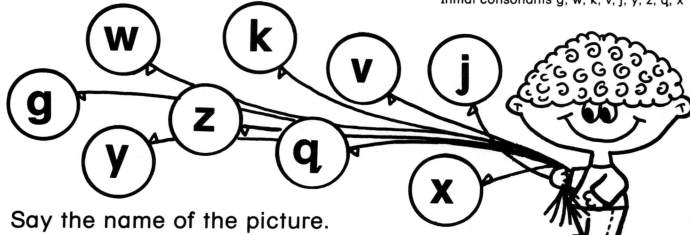

Say the name of the picture.
Write the letter you hear at the beginning.

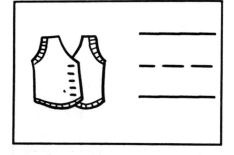

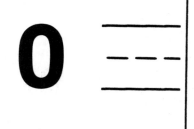

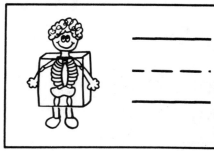

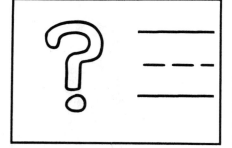

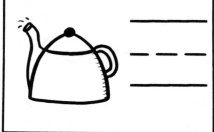

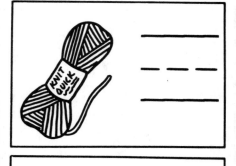

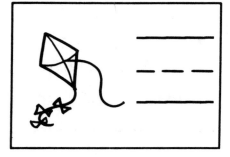

FS-2655   Phonics Workbook-Consonants

Write the missing
letter—**c** or **k**.

_ey
_____
- - - - - - - - -
_____

_ake
_____
- - - - - - - - -
_____

_ettle
_____
- - - - - - - - -
_____

_ap
_____
- - - - - - - - -
_____

_ar
_____
- - - - - - - - -
_____

_ing
_____
- - - - - - - - -
_____

_an
_____
- - - - - - - - -
_____

_itten
_____
- - - - - - - - -
_____

_orn
_____
- - - - - - - - -
_____

_oat
_____
- - - - - - - - -
_____

_ube
_____
- - - - - - - - -
_____

_age
_____
- - - - - - - - -
_____

_ite
_____
- - - - - - - - -
_____

_amel
_____
- - - - - - - - -
_____

Write the missing letter—**c** or **s**.

hou_e

_____

_____

blou_e

_____

_____

di_e

_____

_____

i_e

_____

_____

mi_e

_____

_____

_eal

_____

_____

_ix

_____

_____

_un

_____

_____

pri_e

_____

_____

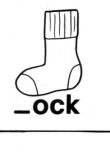

_ock

_____

_____

_igar

_____

_____

_aw

_____

_____

fen_e

_____

_____

_addle

_____

_____

Write the missing
letter—**g** or **j**.

_et

_____
- - - - - - -
_____

_acks

_____
- - - - - - -
_____

_enie

_____
- - - - - - -
_____

_acket

_____
- - - - - - -
_____

_iraffe

_____
- - - - - - -
_____

ca_e

_____
- - - - - - -
_____

_ug

_____
- - - - - - -
_____

_ump

_____
- - - - - - -
_____

pa_e

_____
- - - - - - -
_____

_iant

_____
- - - - - - -
_____

_uggler

_____
- - - - - - -
_____

_ar

_____
- - - - - - -
_____

an_el

_____
- - - - - - -
_____

_am

_____
- - - - - - -
_____

Name _____

Write the missing letter—**k**, **s** or **j**.

_aw

_____
- - - - - -
_____

_ite

_____
- - - - - -
_____

_ar

_____
- - - - - -
_____

_eal

_____
- - - - - -
_____

_ey

_____
- - - - - -
_____

7
_even

_____
- - - - - -
_____

_et

_____
- - - - - -
_____

_ettle

_____
- - - - - -
_____

_ug

_____
- - - - - -
_____

_ing

_____
- - - - - -
_____

_un

_____
- - - - - -
_____

_acks

_____
- - - - - -
_____

_acket

_____
- - - - - -
_____

_itten

_____
- - - - - -
_____

36

Name _____

Write the missing letter—**s**, **c** or **g**.

_age

_____
- - - - - - - - -
_____

glas_

_____
- - - - - - - - -
_____

_ake

_____
- - - - - - - - -
_____

an_el

_____
- - - - - - - - -
_____

_iraffe

_____
- - - - - - - - -
_____

_ap

_____
- - - - - - - - -
_____

hou_e

_____
- - - - - - - - -
_____

_enie

_____
- - - - - - - - -
_____

pa_e

_____
- - - - - - - - -
_____

blou_e

_____
- - - - - - - - -
_____

_ar

_____
- - - - - - - - -
_____

_ook

_____
- - - - - - - - -
_____

_an

_____
- - - - - - - - -
_____

hor_e

_____
- - - - - - - - -
_____

FS-2655   Phonics Workbook-Consonants

Name _____

bat

sun

bat

sun

Say the name of the picture.
Write the letter you hear at the end.

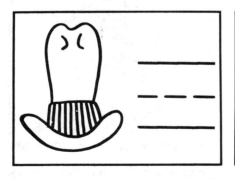

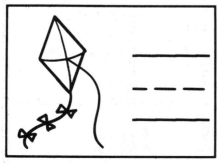

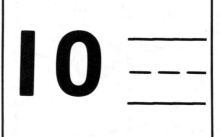

Name _____ Skill: Final consonants t, r

Write the missing
letter on the line.

ca ___

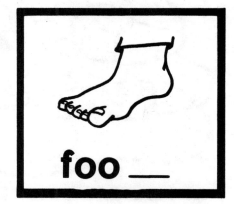

foo ___

ba ___

ca ___

ne ___

ja ___

pea ___

hai ___

ha ___

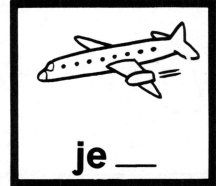

je ___

doo ___

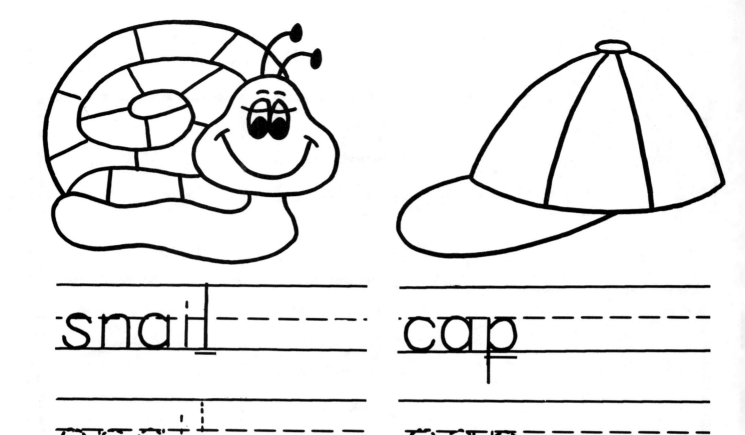

snail   cap

snail   cap

Say the name of the picture.
Write the letter you hear at the end.

 _____

 _____

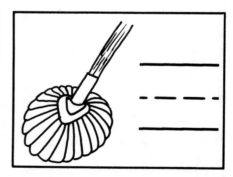 _____

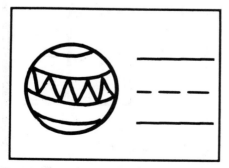 _____

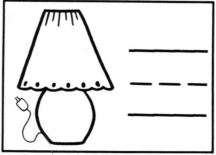 _____

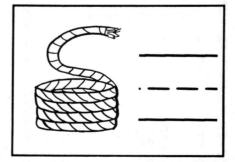 _____

Name _____

Write the missing
letter on the line.

ca ___

ma ___

ca ___

fa ___

cu ___

pa ___

shi ___

va ___

shee ___

su ___

to ___

FS-2655   Phonics Workbook-Consonants

Name _____   Skill: Final consonants s, b

-s   Cut out the pictures.
Paste them in the
right places.   -b

Name _____

Write the missing letter on the line.

bu __

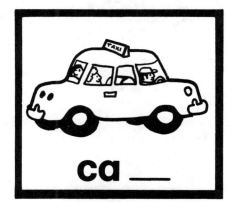
ca __

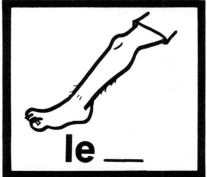
le __

tu __

do __

ju __

su __

wi __

we __

pi __

lo __

FS-2655   Phonics Workbook-Consonants

Name _____

bu_g_   **sta_r_**   **boo_k_**   **dru_m_**

Say the name of the picture. Write the letter you hear at the end.

Skill: Final consonants g, r, k, m

©Frank Schaffer Publications, Inc.   44   FS-2655 Phonics Workbook-Consonants

house   leaf   five   sad

Say the name of the picture. Write the letter you hear at the end.

Name _____

Say the name of the picture.
Write the letter you hear at the end.

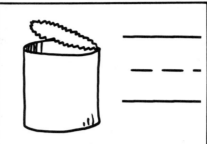 _ _ _ _ _

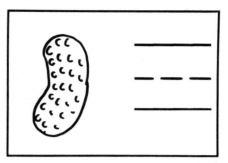 _ _ _ _ _

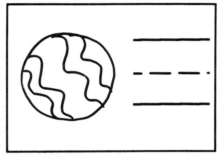 _ _ _ _ _

 _ _ _ _ _

 _ _ _ _ _

 _ _ _ _ _

 _ _ _ _ _

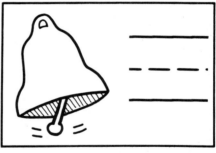 _ _ _ _ _

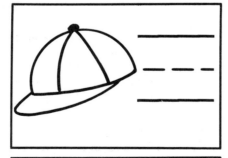 _ _ _ _ _

 _ _ _ _ _

 _ _ _ _ _

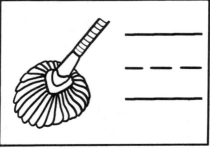 _ _ _ _ _

 _ _ _ _ _

 _ _ _ _ _

Name _____

Draw a line from the word to the correct picture.

bus

bib

bug

cub

cup

car

cat

cap

lip

lid

leg

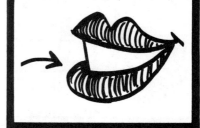

47

s b d v f m k

Say the name of the picture.
Write the letter you hear at the end.

 _ _ _ _

 _ _ _ _

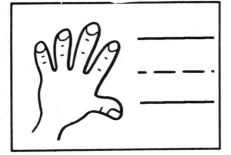 _ _ _ _

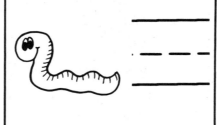 _ _ _ _

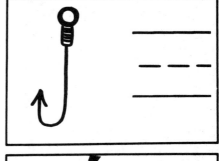 _ _ _ _

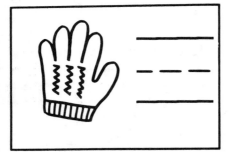 _ _ _ _

 _ _ _ _

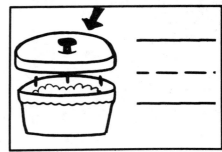 _ _ _ _

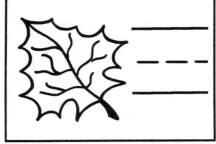 _ _ _ _

 _ _ _ _

 _ _ _ _

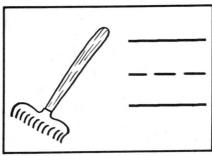 _ _ _ _

 _ _ _ _

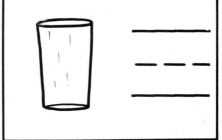 _ _ _ _

FS-2655 Phonics Workbook-Consonants